RÉCIT de la
MORT ÉDIFIANTE

D'UNE JEUNE FILLE

Associée de l'Œuvre de N. D. des Anges.

TOULOUSE
Autog. SALETTES, Place Mage, 34.

Extrait d'une lettre
de Madame la Vicomtesse de Malet-Roquefort,
au Révérend Père de Bray,
Religieux de la Compagnie de Jésus
et directeur de l'Archiconfrérie de Notre-Dame des Anges.

Bordeaux, le 1ᵉʳ Octobre 1871.

La Sainte Vierge vient encore de montrer sa protection en faveur de Melle X. associée de l'archiconfrérie de N. D. des Anges, décédée il y a un mois à l'âge de 26 ans. La famille a aussi une foi bien grande en ce culte, une des sœurs de la défunte, se fait remarquer par son zèle à propager l'œuvre.

Melle X. fut atteinte il y a quatre ans d'une fièvre scarlatine qui dégénéra en fièvre nerveuse et phthisie galopante; tous les moyens fournis par la médecine furent vainement employés, au mois de mars dernier, dès que l'œuvre fut connue de la malade une neuvaine a été commencée pour demander sa guérison; la Ste Vierge n'adhéra pas à son désir mais elle accordait une autre guérison infiniment plus précieuse que le corps, celle de l'âme de son père; depuis 23 ans, il n'avait pas fait ses Pâques; cette année, il s'est réconcilié et ne cesse d'exprimer depuis cette époque d'excellents sentiments de piété

Notre malade souffrait toujours beaucoup et cependant son caractère d'ordinaire entier, désagréable se modifia si complètement que l'on vit rapidement succéder à cette humeur bizarre une douceur, une résignation qui étonnaient ceux qui la connaissaient; il ne fut pas difficile de saisir que la Sainte Vierge était le moteur de cette métamorphose; le nom de la reine des Anges attirait souvent un doux sourire sur ses lèvres.

Quinze jours avant la fête du 2 Août, elle fut prise par des suffocations qui ne la quittèrent plus, ses souffrances devinrent intolérables; c'est dans cette dernière partie de sa vie qu'elle donna de grands sujets d'édification. La première crise fut affreuse, elle ne pouvait pas articuler, et ses signes ne pouvaient pas être compris; avec beaucoup de peine elle parvint enfin à demander son directeur pour qu'il vint de suite l'administrer; son bonheur de mourir serait difficile à décrire, non pour obtenir la cessation de ses souffrances, mais par la pensée de voir Dieu et la Reine des Anges; elle revint de cette crise et vécut quinze jours encore dans un état violent de douleurs; Dieu voulait augmenter ses mérites, Marie montrer sa puissance.

Une neuvaine fut commencée de nouveau à Notre-Dame des Anges et notre malade ne cessait de répéter: « je serai guérie ou je mourrai le 2 Août;
« mourir, mourir, oh! quel bonheur, je ne suis
« pas digne d'une telle grâce; je regrette la vie
« par la seule pensée du chagrin qu'aura ma
« famille, à part ce motif j'éprouve une joie qui
« n'est pas de la terre, elle est toute de Dieu; si
« on songeait sérieusement au bonheur de voir
« N. S. J. C. et sa Sainte Mère, on serait fou de joie
« et je suis pour ainsi dire à la veille de voir
« mon divin Maître; ô mon Dieu que vous
« êtes bon! Qu'on prie N. D. des Anges, je n'en
« ai plus la force je ne fais rien, j'offre seule-

« -ment toutes mes souffrances ; parlez-moi de Notre
« Seigneur, de la Ste Vierge, de la mort, je ne
« la redoute pas, c'est le moment de la délivrance ».
Peu d'heures avant sa mort, elle recevait la visite
de son directeur et le priait de lui parler du ciel;
le voyageur, dit-elle, désire qu'on l'entretienne
de sa patrie. Ceux qui la visitaient devaient
toujours prier près d'elle et causer de son bon
Jésus; avec quelle foi, quelle ardeur elle embras-
sait son crucifix, sa médaille de Notre-Dame
des Anges ; cette action souvent réitérée faisait com
prendre son amour pour son divin Maître et sa
Mère.

  Le père de notre malade devait terminer
la neuvaine le 2 par la Sainte Communion;
ses occupations ne lui permirent de la faire
que le dimanche 6 Août.

  Ah ! dit-elle à une personne qui la
visitait, aujourd'hui (c'était le 2 Août) ma Mère
ne fera rien pour moi, Elle me guérira ou m'-
enverra la mort le jour où mon père s'approchera
de la Sainte Table ; dimanche il se passera quel
-que chose pour moi, je ne peux pas vivre,
je serais avec mon Sauveur.

Elle fut bon prophète; dans la nuit du 5 au 6 à minuit, ses douleurs devinrent plus violentes encore, son langage n'était plus de la terre; les ombres de la nuit voilaient ce lieu d'exil, et, semblable au voyageur qui aperçoit au loin sa patrie, elle entrevoyait déjà les splendeurs de la Jérusalem céleste.

« Quelle heure est-il, demanda-t-elle?–minuit.
« encore quelques heures de souffrance et mon
« Époux viendra me chercher; il est là, la
« pauvre voyageuse s'en va, parlez lui, mais
« ne l'entretenez que du ciel; vous pleurez?
« il faut que je vous donne du courage quand
« vous devriez au contraire soutenir le mien; ce
« passage du temps à l'éternité est effrayant;
« mais la Sainte Vierge me l'adoucit beaucoup;
« malgré tout, il est bien redoutable; ne pleurez-
« pas, nous ne sommes que séparés; encore quel
« -ques jours de combat et nous serons réunis dans
« le ciel, dans le ciel pour toujours.)

Elle adressa toutes ses recomman dations à sa pieuse famille admirable de résignation. L'heure avançait où l'Époux allait venir; le démon jaloux du bonheur de

cette âme tenta un dernier effort pour la décourager et se montra à elle, à trois reprises différentes; quelle douleur profonde se répandit sur son visage amaigri:
« Ah! dit-elle, je vois une bête hideuse, j'ai
« peur; je vois toutes mes souffrances pendant
« quatre ans de maladie complètement per-
« dues; j'ai amassé pour le feu éternel; ô
« mon Dieu ayez pitié de moi! »

La frayeur, la faiblesse l'empêchè- rent de s'exprimer, ses yeux grand ouverts pleins de larmes fixaient un affreux spectacle; les prières redoublèrent, on ne cessait de lui mettre de l'huile de Notre Dame des Anges qu'elle demandait à chaque moment; le cal- me revenait alors; trois fois elle subit ce mar- tyre; cette déchirante vision disparut enfin; et sa profonde tristesse se changea en béa- titude.

« Ah! dit-elle, le démon m'effrayait,
« c'était une tentation, je le vois; les sueurs
« de la mort arrivent; bien heureuses sueurs,
« je vous désire depuis longtemps; mon Époux
« vient enfin me chercher; l'heure de la

délivrance a sonné; chers Parents, pardonnez-moi mes fautes et demandez pour moi pardon à ceux que j'ai offensés; le ciel! le ciel! le voilà; oui, mon Époux, ne tardez pas d'avantage; je suis prête, venez; je savais bien que le jour où mon père s'approcherait de mon Sauveur était celui de ma délivrance; je prierai pour tout le monde, pour le Saint-Père, la France; Notre Dame des Anges me montre une fleur blanche bien belle entourée de perles précieuses; comme on n'en voit pas sur la terre; sa blancheur est éblouissante; Jésus et la Reine des Anges me la présentent.

Jésus! Marie! répéta-t-elle souvent; et quand sa voix éteinte ne lui permit plus de faire entendre ces noms bénis, ses lèvres les articulaient encore.

Cette belle âme prit ainsi son essor vers la patrie pendant qu'on lui récitait suivant son désir les litanies de la très Sainte Vierge.

www.ingramcontent.com/pod-product-compliance
Lightning Source LLC
Chambersburg PA
CBHW071436060426
42450CB00009BA/2201